Leckere Donuts

Die besten Rezepte für selbstgemachte Donuts, Krapfen & Co.

LOVE FOOD ® is an imprint of Parragon Books Ltd

Copyright © Parragon Books Ltd

LOVE FOOD ® and the accompanying heart device is a registered trade mark of Parragon Books Ltd in Australia, the UK, US, India and the EU.

Fotografien: Mike Cooper
Fachberatung: Sumi Glass
Neue Rezepte und Einleitung: Angela Drake
Lektorat: Fiona Biggs

Alle Rechte vorbehalten. Die vollständige oder auszugsweise Speicherung, Vervielfältigung oder Übertragung dieses Werkes, ob elektronisch, mechanisch, durch Fotokopie oder Aufzeichnung, ist ohne vorherige Genehmigung des Rechteinhabers urheberrechtlich untersagt.

Copyright © für die deutsche Ausgabe
Parragon Books Ltd
Chartist House
15–17 Trim Street
Bath, BA1 1HA, UK

Realisation der deutschen Ausgabe: trans texas publishing, Köln
Übersetzung: Lisa Voges, Ravensburg
Lektorat und Projektmanagement: Nazire Ergün, Köln

ISBN 978-1-4723-0955-6

Printed in China

Hinweis
Sofern die Schale von Zitrusfrüchten benötigt wird, verwenden Sie unbedingt unbehandelte Früchte. Sind Zutaten in Löffeln angegeben, ist immer ein gestrichener Löffel gemeint: Ein Teelöffel entspricht 5 ml, ein Esslöffel 15 ml. Sofern nicht anders angegeben, wird Vollmilch (3,5 % Fett) verwendet. Es sollte stets frisch gemahlener schwarzer Pfeffer verarbeitet werden. Bei Eiern sowie einzelnen Gemüse- und Obstsorten, z. B. Äpfeln, verwenden Sie mittelgroße Exemplare.

Die angegebenen Zeiten können von den tatsächlichen abweichen, da je nach Zubereitungsmethode und vorhandenem Herdtyp Schwankungen auftreten. Optionale Zutaten, Variationen oder Serviervorschläge sind bei den Zeitangaben nicht berücksichtigt.

Kinder, ältere Menschen, Schwangere, Kranke und Rekonvaleszenten sollten auf Gerichte mit rohen oder nur leicht gegarten Eiern verzichten. Schwangere und stillende Frauen sollten den Verzehr von Erdnüssen oder erdnusshaltigen Zubereitungen vermeiden. Allergiker sollten bedenken, dass in allen in diesem Buch verwendeten Fertigprodukten Spuren von Nüssen enthalten sein könnten. Bitte lesen Sie in jedem Fall zuvor die Verpackungsangaben.

Inhalt

Einleitung	4
Einfache Hefe-Donuts	10
Kleine Berliner	12
Einfache Rührteig-Donuts	14
Donuts mit Creme	16
Zitronenstangen	18
Kokos-Donuts	20
Apfel-Donuts	22
Beignets	24
Schoko-Donuts	28
Schoko-Marshmallow-Krapfen	30
Mini-Honig-Pistazien-Donuts	32
Zitronen-Churros mit Orangensauce	34
Schokoladenbällchen	36
Blaubeer-Donuts	38
Cookie-Sahne-Krapfen	40
Schoko-Nuss-Donuts	42
Churros	46
Gezuckerte Donuts	48
Spritzringe	50
Kürbis-Donuts	52
Mokka-Beignets	54
Boston-Cream-Donuts	56
Ahorn-Pekannuss-Donuts	58
Gefüllte Krapfen	60
Donuts mit Sahne	64
Kräuterfrischkäse-Donuts	66
Käse-Oliven-Krapfen	68
Mais-Paprika-Donuts	70
Chili-Schokoladen-Churros	72
Muskatkrapfen	74
Schoko-Zimt-Bällchen	76
Apfelwein-Bällchen	78
Register	80

Himmlische Donuts

Frisch zubereitete Donuts – ob mit herrlich süßem Zuckerguss oder Schokoladenglasur, gefüllt mit Sahne, Creme oder Konfitüre oder nur mit Puderzucker bestäubt – sind einfach unwiderstehlich. In diesem Buch finden Sie alles Wissenswerte über die Zubereitung von Donuts, Krapfen, Beignets und Ähnliches sowie 32 Rezepte aus der ganzen Welt, darunter viele Klassiker, Varianten aus Mürbe- oder Rührteig oder herzhafte Donuts.
Verwöhnen Sie Ihre Familie und Ihre Freunde mit den kleinen Köstlichkeiten aus diesem Buch. Sie werden überrascht sein, wie einfach es ist.

DONUT-TEIG

HEFETEIG – Die bekanntesten und beliebtesten Donuts werden aus einem leichten, nur schwach gesüßten Hefeteig hergestellt. Der Teig wird geschmeidig und weich geknetet und anschließend zum Gehen an einen warmen Ort gestellt, sodass er eine wunderbare lockere Textur erhält. Die ausgestochenen Donuts werden meist in heißem Fett ausgebacken.

KNETTEIG – Die schnellsten Donuts werden aus einer Art Knetteig gefertigt, der nicht lange geknetet werden oder gehen muss. Aus dem ausgerollten Teig werden Ringe ausgestochen, die in heißem Fett ausgebacken werden. Diese Donuts sind fester als jene aus Hefeteig, haben dafür aber eine knusprigere Kruste.

RÜHRTEIG – Donuts aus Rührteig werden in einer speziellen Donutform (siehe Grundausstattung) im Ofen gebacken. Der einfach und schnell zubereitete Teig verleiht den Donuts eine leichte, rührkuchenartige Textur. Wenn sie gut verschlossen aufbewahrt werden, halten sich diese Donuts bis zu drei Tage. Außerdem haben sie weniger Kalorien als in Fett ausgebackene.

BRANDTEIG – Dieser Teig wird direkt ins heiße Fett gespritzt oder kugelförmig als Krapfen ausgebacken. Brandteig hat eine luftigere Textur als Hefe- oder Knetteig. Er ist rasch zubereitet und ausgebacken und perfekt, wenn es schnell gehen soll.

GRUNDAUSSTATTUNG

DONUT-/PLÄTZCHENAUSSTECHER – Wenn eine größere Menge Donuts zubereitet werden soll, lohnt sich die Anschaffung eines Donutausstechers. Damit können die Teigringe mit einer einzigen Drehbewegung ausgestochen werden. Sie können aber auch runde Plätzchenausstecher verwenden: einen größeren mit etwa 8 cm Durchmesser und einen kleineren mit etwa 2,5 cm, um das Loch in der Mitte auszustechen.

GROSSER TOPF ODER FRITTEUSE – Eine Fritteuse mit integriertem Temperaturregler macht das Ausbacken der Teigkringel sehr einfach. Als Alternative bietet sich ein großer, schwerer Topf an, der problemlos 8 cm hoch mit Öl befüllt und einfach gereinigt werden kann.

KÜCHENMASCHINE – Sie erleichtert die Teigherstellung, weil sie alle Rühr- und Knetarbeiten übernimmt.

THERMOMETER – Mit einem Küchenthermometer lässt sich kontrollieren, ob das Öl die richtige Temperatur zum Ausbacken erreicht hat. Die Skala sollte bis mindestens 200 °C reichen. Besonders praktisch und schnell sind Geräte mit digitaler Anzeige.

DONUTFORM – Für im Ofen gebackene Donuts aus Rührteig benötigen Sie eine spezielle Form mit sechs oder zwölf ringförmigen Vertiefungen. Der Teig wird mit einem Spritzbeutel oder Teelöffel eingefüllt.

SPRITZBEUTEL MIT TÜLLEN – Um Churros und Spritzkuchen ins heiße Fett zu spritzen oder Donutformen mit Teig zu befüllen, ist ein großer Spritzbeutel sinnvoll. Sie haben die Wahl zwischen wiederverwendbaren Modellen aus Kunststoff oder beschichtetem Stoff und Einwegbeuteln. Praktisch sind außerdem unterschiedlich große Stern- und Lochtüllen.

GRUNDZUTATEN

Für die meisten Rezepte in diesem Buch brauchen Sie nur wenige Zutaten. Hier stellen wir Ihnen die wichtigsten vor:

HEFE — Anders als frische Hefe, die zuerst in lauwarmer Flüssigkeit angerührt und aktiviert werden muss, kann Trockenbackhefe direkt mit dem Mehl vermischt werden. Wenn Sie prüfen wollen, ob die Hefekulturen noch aktiv sind, können sie Trockenbackhefe auch vorher mit etwas warmer Flüssigkeit und etwas Zucker oder Honig anrühren und 15 Minuten gehen lassen. Wenn die Mischung Bläschen wirft, kann der Ansatz mit dem Mehl und der restlichen Flüssigkeit verarbeitet werden.

MEHL — Für Donuts auf Hefebasis empfiehlt sich ein backstarkes Weißmehl mit hohem Kleberanteil. Ideal ist Weizenmehl der Type 550. Der Teig lässt sich gut kneten und wird geschmeidig und elastisch, sodass die Donuts eine leichte, luftige Textur erhalten. Für Mürbe- oder im Ofen gebackene Rührteig-Donuts reicht einfaches Haushaltsmehl der Type 405.

ZUCKER — Feine weiße Raffinade hat eine kleine Körnung, sodass sich der Zucker gut und schnell im Teig auflöst. Normaler Haushaltszucker mit etwas gröberer Körnung und Puderzucker eignen sich zum Bestäuben von warmen gebackenen Donuts.

ÖL — Zum Ausbacken von Donuts empfiehlt sich ein helles, geschmacksneutrales Öl, das sich stark erhitzen lässt, wie zum Beispiel Sonnenblumen-, Erdnuss oder hochwertiges Pflanzenöl. Das Öl kann ein- bis zweimal wiederverwendet werden, wenn es nach dem Abkühlen gefiltert wird, um Teigrückstände zu entfernen. Entsorgen Sie das Öl sachgerecht, wenn es sich dunkel verfärbt.

EIER — Eier machen den Hefeteig gehaltvoller und sind wesentlicher Bestandteil von Rührteig-Donuts. Sie sollten vor der Verwendung immer Zimmertemperatur haben.

TIPPS FÜR DIE TEIGZUBEREITUNG

- Flüssigkeiten für den Hefeteig sollten nicht zu stark erhitzt werden. Sind sie zu heiß, werden die Hefekulturen abgetötet und der Teig kann nicht aufgehen.
- Ein weicher, klebriger Teig lässt sich leichter mit etwas Mehl fester machen, als ein trockener, zu fester Teig durch Flüssigkeitszugabe weicher. Zudem geht ein zu fester Teig nicht so gut auf.
- Wenn die Donuts einmal geformt sind, sollten sie rasch (aus-)gebacken werden, da der Teig sonst zu lange geht und seine Form verliert.

TIPPS FÜRS AUSBACKEN

- Das Öl sollte höchstens bis 5 cm unter den Rand in den Topf gefüllt werden.
- Beim Ausbacken immer darauf achten, dass das Öl die richtige Temperatur hat. Ist das Fett zu heiß, werden die Donuts zu schnell braun, ohne innen durchzubacken. Hat das Fett eine zu niedrige Temperatur, brauchen die Donuts länger, saugen sich mit Fett voll und werden schwammig.
- Der Topf/die Fritteuse darf nicht überfüllt werden, sonst sinkt die Temperatur zu stark ab.
- Lassen Sie heißes Fett nie unbeaufsichtigt.

TIPPS FÜRS BACKEN

- Die Donutform sollte vor Gebrauch immer mit weicher oder flüssiger Butter bzw. einem Backspray sorgfältig eingefettet werden.
- Die Vertiefungen der Form sollten nicht ganz bis zum Rand gefüllt werden, da der Teig sonst überläuft und die Donuts nicht mehr ringförmig werden. Besonders leicht und gleichmäßig lässt sich der Teig mit einem Spritzbeutel einfüllen. Teig mit Fruchtstückchen sollte besser mit einem Teelöffel in die Vertiefungen gegeben werden. Wischen Sie die Ränder mit Küchenpapier sauber.
- Sind die Donuts zu lange im Ofen, werden sie trocken. Der Teig sollte auf leichten Fingerdruck elastisch nachgeben.

Einfache Hefe-Donuts

ERGIBT **ZUBEREITUNG** **BACKZEIT**
12 **45** **25 MINUTEN**
PLUS KÜHL- & GEHZEIT

ZUTATEN

225 ml Milch
3 TL Trockenbackhefe
250 g Weizenmehl Type 405, plus etwas mehr zum Bestäuben
2 EL Feinstzucker
½ TL Salz
3 Eigelb
5 Tropfen Vanillearoma
50 g weiche Butter
Öl, zum Einfetten und Ausbacken

GLASUR (NACH BELIEBEN)

200 g Puderzucker
3–4 EL Wasser oder Milch

1. Die Milch erhitzen, bis sie lauwarm ist, dann die Hefe zufügen. 200 g Mehl einrühren und den Hefeansatz 30 Minuten gehen lassen.

2. Zucker, Salz, Eigelb und Vanillearoma in die Schüssel einer Küchenmaschine geben und mit dem Rührbesen bei geringer Geschwindigkeit glatt rühren. Butter und Hefeansatz zufügen und ebenfalls langsam unterrühren.

3. Den Knethaken einsetzen. Das restliche Mehl in die Schüssel geben und alles zu einem glatten Teig kneten. Den Teig 1 Stunde in den Kühlschrank stellen.

4. Ein Backblech dünn einfetten. Den Teig auf einer bemehlten Arbeitsfläche etwa 1 cm dick ausrollen. Mit einem Donutausstecher insgesamt zwölf Teigringe ausstechen.

5. Die Donuts auf das vorbereitete Backblech legen, mit leicht eingeölter Frischhaltefolie abdecken und an einem warmen Ort gehen lassen, bis sie doppelt so groß sind und auf Fingerdruck elastisch nachgeben.

6. Reichlich Öl in einem großen Topf oder in einer Fritteuse auf 180–190 °C erhitzen, sodass ein Brotwürfel darin in 30 Sekunden braun wird. Die Donuts nacheinander hineingleiten lassen und 2 Minuten ausbacken, bis sie goldbraun sind. Mit einem Schaumlöffel aus dem heißen Fett nehmen und auf Küchenpapier abtropfen lassen.

7. Für die Glasur den Puderzucker in eine Schale sieben und nach und nach mit dem Wasser oder mit der Milch zu einer glatten Masse verrühren. Die abgekühlten Donuts damit überziehen.

Einfach, aber lecker! Diese klassischen Donuts schmecken mit oder ohne Zuckerglasur.

Kleine Berliner

ERGIBT	ZUBEREITUNG	BACKZEIT
10	25	25 MINUTEN
	PLUS GEHZEIT	

ZUTATEN

450 g Weizenmehl Type 550, plus etwas mehr zum Bestäuben

50 g Butter, in Stücke geschnitten

2 EL Feinstzucker, plus etwas mehr zum Bestreuen

½ TL Salz

2¼ TL Trockenbackhefe

1 Ei, leicht verquirlt

175 ml lauwarme Milch

Öl, zum Einfetten und Ausbacken

FÜLLUNG

150 g kernlose Erdbeer- oder Himbeerkonfitüre

1. Eine große Rührschüssel und zwei Backbleche dünn einfetten.

2. Das Mehl in eine zweite Schüssel geben und die Butter mit den Fingern hineinreiben, bis eine feinkrümelige Masse entstanden ist. Zucker, Salz und Hefe untermischen. Eine Vertiefung in die Mitte drücken. Ei und Milch hineingeben und mit den Trockenzutaten zu einem weichen Teig verarbeiten, dann 10 Minuten kräftig kneten.

3. Den Teig in die eingefettete Schüssel geben und abgedeckt an einem warmen Ort etwa 1 Stunde gehen lassen, bis sich das Teigvolumen verdoppelt hat.

4. Den Teig auf einer bemehlten Arbeitsfläche kurz durchkneten, in zehn Portionen teilen und zu Kugeln formen. Die Kugeln auf die vorbereiteten Backbleche setzen und abgedeckt an einem warmen Ort 45 Minuten gehen lassen, bis sie doppelt so groß sind.

5. Reichlich Öl in einem großen Topf oder in einer Fritteuse auf 180–190 °C erhitzen, sodass ein Brotwürfel darin in 30 Sekunden braun wird. Die Kugeln portionsweise von jeder Seite 2–3 Minuten ausbacken, bis sie goldbraun sind. Mit einem Schaumlöffel aus dem heißen Fett nehmen, auf Küchenpapier abtropfen lassen und mit Zucker bestreuen.

6. Die Konfitüre in einen Spritzbeutel mit kleiner Lochtülle füllen. Mit einem spitzen Messer ein kleines Loch in die Donuts stechen. Die Tülle hineinstecken und etwas Konfitüre hineinspritzen.

Sie können Ihre Berliner nach Belieben auch mit Blaubeer-, Aprikosen- oder jeder anderen Konfitüre füllen.

Einfache Rührteig-Donuts

ERGIBT 16 **ZUBEREITUNG** 20 **BACKZEIT** 45 MINUTEN

ZUTATEN

225 g Weizenmehl Type 405
3½ TL Backpulver
175 g Feinstzucker
½ TL Salz
150 ml Milch
2 Eier, verquirlt
2–3 Tropfen Vanillearoma
40 g Butter, zerlassen, plus etwas mehr zum Einfetten

ZUCKERBELAG

4 EL Feinstzucker
2–3 TL Zimt

1. Den Backofen auf 190 °C vorheizen. Eine 6er-Donutform einfetten.

2. Mehl und Backpulver in eine Rührschüssel sieben. Zucker und Salz untermengen. Eine Vertiefung in die Mitte drücken. Milch, Eier, Vanillearoma und Butter in einem Rührbecher mischen und in die Vertiefung gießen. Mit den Trockenzutaten zu einem glatten Teig verarbeiten.

3. Den Teig in einen großen Spritzbeutel mit Lochtülle füllen. Die Vertiefungen der vorbereiteten Form zu zwei Dritteln mit Teig füllen. Im vorgeheizten Ofen 10–15 Minuten backen, bis die Donuts schön aufgegangen, goldbraun und fest sind. 5 Minuten in der Form abkühlen lassen, dann auf ein Kuchengitter heben. Die Form ausspülen, erneut einfetten und den restlichen Teig auf dieselbe Weise backen, sodass insgesamt 16 Donuts entstehen.

4. Für den Belag Zucker und Zimt auf einem Teller mischen und die warmen Donuts darin wenden. Warm oder kalt servieren.

Diese Donuts werden aus einem einfachen Rührteig zubereitet und im Ofen gebacken. Sie haben eine wunderbar leichte Textur und halten sich länger als fettgebackene Donuts.

Donuts mit Creme

ERGIBT	ZUBEREITUNG	BACKZEIT
8	45	20 MINUTEN

PLUS GEHZEIT

ZUTATEN

175 ml Milch

25 g Butter

350 g Weizenmehl Type 550, plus etwas mehr zum Bestäuben und Kneten

½ TL Salz

1½ TL Trockenbackhefe

25 g Feinstzucker, plus etwas mehr zum Bestreuen

1 Ei, verquirlt

Öl, zum Einfetten und Ausbacken

4 EL kernlose Himbeerkonfitüre

FÜLLUNG

2 Eier

50 g Feinstzucker

5 Tropfen Vanillearoma

3 EL Speisestärke

450 ml Milch

1. Milch und Butter in einem kleinen Topf sanft erhitzen, bis die Butter zerlassen ist. Dann 5 Minuten abkühlen lassen.

2. Das Mehl in eine große Schüssel sieben. Salz, Hefe und Zucker untermengen. Milchmischung und Ei zufügen und alles zu einem weichen Teig verarbeiten. Auf einer bemehlten Arbeitsfläche 5–6 Minuten kneten, bis der Teig geschmeidig ist. Gegebenenfalls noch etwas Mehl einarbeiten.

3. Den Teig in eine Schüssel geben und abgedeckt an einem warmen Ort 1 Stunde gehen lassen, bis sich sein Volumen verdoppelt hat. Zwei Backbleche mit Backpapier belegen.

4. Den Teig nochmals kurz durchkneten, in acht Portionen teilen und zu etwa 13 cm langen Rollen formen. Diese auf die vorbereiteten Bleche setzen und mit leicht geölter Frischhaltefolie abdecken. An einem warmen Ort 10–15 Minuten gehen lassen.

5. Reichlich Öl in einem großen Topf oder in einer Fritteuse auf 180–190 °C erhitzen, sodass ein Brotwürfel darin in 30 Sekunden braun wird. Je zwei bis drei Donuts hineingleiten lassen und von jeder Seite 1–2 Minuten goldbraun ausbacken. Mit einem Schaumlöffel aus dem heißen Fett nehmen und auf Küchenpapier abtropfen lassen. In Zucker wenden und abkühlen lassen.

6. Für die Cremefüllung Eier, Zucker, Vanillearoma und Speisestärke in einer Schüssel glatt rühren. Die Milch in einem Topf bis knapp unter den Siedepunkt erhitzen, dann unter Rühren langsam in die Eiermischung gießen. Die Eiermilch in den Topf geben und unter Rühren 8–10 Minuten erhitzen, bis eine glatte Creme entstanden ist. In eine Schüssel füllen, mit Butterbrotpapier abdecken und vollständig abkühlen lassen.

7. Die Donuts längs aufschneiden und die Konfitüre darin verteilen. Die Creme in einen großen Spritzbeutel mit Sterntülle füllen und auf die Konfitüre spritzen.

Diese mit Konfitüre und Creme gefüllten Donuts sind perfekt zum Nachmittagstee. Wenn es schneller gehen soll, kann die Creme durch Schlagsahne ersetzt werden.

Zitronenstangen

ERGIBT **ZUBEREITUNG** **BACKZEIT**
16 **40** **15** MINUTEN
PLUS GEHZEIT

ZUTATEN

175 ml Milch
25 g Butter
350 g Weizenmehl Type 550, plus etwas mehr zum Bestäuben und Kneten
½ TL Salz
1½ TL Trockenbackhefe
40 g Feinstzucker
2 TL fein abgeriebene Zitronenschale
1 Ei, verquirlt
Öl, zum Einfetten und Ausbacken

GLASUR

175 g Puderzucker
4 EL Zitronensaft

1. Milch und Butter in einem kleinen Topf sanft erhitzen, bis die Butter zerlassen ist. Dann 5 Minuten abkühlen lassen.

2. Das Mehl in eine große Schüssel sieben und Salz, Hefe, Zucker und Zitronenschale untermischen. Milchmischung und Ei zugießen und alles zu einem weichen Teig verarbeiten. Den Teig auf einer bemehlten Arbeitsfläche 5–6 Minuten kneten, bis er geschmeidig und elastisch ist. Gegebenenfalls noch etwas Mehl einarbeiten. Den Teig in eine Schüssel geben und abgedeckt an einem warmen Ort 1 Stunde gehen lassen, bis sich sein Volumen verdoppelt hat. Zwei Backbleche mit Backpapier belegen.

3. Den Teig nochmals kurz durchkneten. Dann zu einem 25 cm x 31 cm großen Rechteck ausrollen und quer in 16 Streifen schneiden. Die Streifen fest aufdrehen und auf die Bleche legen. Mit leicht geölter Frischhaltefolie abdecken und an einem warmen Ort 10 Minuten gehen lassen.

4. Reichlich Öl in einem großen Topf oder in einer Fritteuse auf 180–190 °C erhitzen, sodass ein Brotwürfel darin in 30 Sekunden braun wird. Je zwei bis drei Stangen ins heiße Fett gleiten lassen und von jeder Seite 1–2 Minuten ausbacken, bis sie goldbraun sind. Mit einem Schaumlöffel aus dem heißen Fett nehmen und auf Küchenpapier abtropfen lassen.

5. Für die Glasur Puderzucker und Zitronensaft glatt rühren. Die Stangen warm mit der Glasur überziehen. Auf einem Kuchengitter abkühlen lassen.

Diese fruchtigen Zitronenstangen drehen sich beim Ausbacken zwar wieder etwas auf, das beeinträchtigt aber den Geschmack nicht.

Kokos-Donuts

ERGIBT	ZUBEREITUNG	BACKZEIT
12	20	30 MINUTEN

ZUTATEN

175 g Weizenmehl Type 405

2½ TL Backpulver

120 g Feinstzucker

¼ TL Salz

150 ml Kokosmilch

1 Ei, leicht verquirlt

25 g Butter, zerlassen, plus etwas mehr zum Einfetten

100 g Kokosraspel

5 EL kernlose Himbeerkonfitüre, erwärmt

1. Den Backofen auf 190 °C vorheizen. Eine 6er-Donutform einfetten.

2. Mehl und Backpulver in eine Rührschüssel sieben. Zucker und Salz untermengen und eine Vertiefung in die Mitte drücken. Kokosmilch, Ei und Butter in einem Rührbecher mischen. In die Vertiefung gießen und mit den Trockenzutaten zu einem glatten Teig verarbeiten. 25 g Kokosraspel einarbeiten.

3. Den Teig in einen großen Spritzbeutel mit Lochtülle füllen. Die Hälfte des Teiges in die Vertiefungen der Form spritzen und im vorgeheizten Ofen 10–15 Minuten backen, bis die Donuts goldbraun, aufgegangen und fest sind. 5 Minuten in der Form abkühlen lassen, dann auf ein Kuchengitter heben. Die Form ausspülen, erneut einfetten und den restlichen Teig auf dieselbe Weise backen, sodass insgesamt zwölf Donuts entstehen.

4. Die restlichen Kokosraspel auf einem flachen Teller verteilen. Die warmen Donuts rundum mit warmer Konfitüre bestreichen und in den Kokosraspeln wenden, bis sie vollständig eingehüllt sind. Warm oder kalt servieren.

Diese luftig-lockeren Donuts werden mit warmer Konfitüre glasiert und in Kokosraspeln gewendet. Für ein kräftigeres Aroma können Sie die Kokosraspel vorher kurz rösten.

Apfel-Donuts

ERGIBT ZUBEREITUNG BACKZEIT
16 40 20 MINUTEN
PLUS GEHZEIT

ZUTATEN

275 ml Milch
40 g Butter
500 g Weizenmehl Type 550, plus etwas mehr zum Bestäuben und Kneten
½ TL Salz
2 TL Trockenbackhefe
50 g Feinstzucker
2 TL Zimt
1 großes Ei, verquirlt
1 großer Tafelapfel, geschält, entkernt und gewürfelt
Öl, zum Einfetten und Ausbacken

GLASUR

140 g Puderzucker
1 TL Zimt
2 EL Milch

1. Milch und Butter in einem kleinen Topf sanft erhitzen, bis die Butter zerlassen ist. Dann 5 Minuten abkühlen lassen.

2. Das Mehl in eine große Rührschüssel sieben. Salz, Hefe, Zucker und Zimt untermengen. Milchmischung und Ei zugießen und alles zu einem weichen Teig verarbeiten. Den Teig auf einer bemehlten Arbeitsfläche 5–6 Minuten kneten, bis er geschmeidig und elastisch ist. Gegebenenfalls noch etwas Mehl einarbeiten. Den Teig flach drücken, die Apfelstücke darauf verteilen und 2 Minuten unterkneten.

3. Den Teig in eine Schüssel geben und abgedeckt an einem warmen Ort 1 Stunde gehen lassen, bis sich sein Volumen verdoppelt hat. Zwei Backbleche mit Backpapier belegen.

4. Den Teig nochmals kurz durchkneten und auf einer bemehlten Arbeitsfläche 1,5 cm dick ausrollen. Mit einem glatten Ausstechring (8 cm Ø) zwölf Kreise ausstechen. Die Reste zusammenkneten, erneut ausrollen und weitere vier Kreise ausstechen. Die Donuts auf die vorbereiteten Bleche legen, mit leicht geölter Frischhaltefolie abdecken und an einem warmen Ort 10 Minuten gehen lassen.

5. Reichlich Öl in einem großen Topf oder in einer Fritteuse auf 180–190 °C erhitzen, sodass ein Brotwürfel darin in 30 Sekunden braun wird. Die Donuts portionsweise von jeder Seite 1–2 Minuten ausbacken, bis sie goldbraun sind. Mit einem Schaumlöffel aus dem heißen Fett nehmen und auf Küchenpapier abtropfen lassen.

6. Für die Glasur Puderzucker, Zimt und Milch in einer Schale glatt rühren. Die Donuts möglichst warm mit der Glasur überziehen. Auf einem Kuchengitter abkühlen lassen.

Apfelstückchen und Zimt verleihen diesen Donuts ein wunderbar fruchtig-würziges Aroma. Am besten schmecken sie warm, wenn die Glasur gerade fest geworden ist.

Beignets

ERGIBT ZUBEREITUNG BACKZEIT
30 35 25 MINUTEN
PLUS GEHZEIT

ZUTATEN

100 ml lauwarmes Wasser
2 TL Trockenbackhefe
50 g Feinstzucker
½ TL Salz
1 Ei, verquirlt
175 ml warme Kondensmilch
450 g Weizenmehl Type 550, plus etwas mehr zum Bestäuben und Kneten
25 g weiches Pflanzenfett
Öl, zum Ausbacken
50 g Puderzucker

1. Das Wasser in eine große Schüssel geben und nacheinander Hefe, Zucker Salz, Ei und Kondensmilch einrühren. Die Hälfte des Mehls einarbeiten, bis ein glatter Teig entstanden ist. Nun das Pflanzenfett untermischen und das restliche Mehl einarbeiten, sodass ein weicher Teig entsteht.

2. Den Teig auf einer bemehlten Arbeitsfläche 4–5 Minuten kneten, bis er geschmeidig und elastisch ist. Gegebenenfalls noch etwas Mehl einarbeiten. Den Teig in eine Schüssel geben und abgedeckt an einem warmen Ort 2 Stunden gehen lassen, bis sich sein Volumen verdoppelt hat.

3. Reichlich Öl in einem großen Topf oder in einer Fritteuse auf 180–190 °C erhitzen, sodass ein Brotwürfel darin in 30 Sekunden braun wird.

4. Inzwischen den Teig nochmals kurz durchkneten und auf einer bemehlten Arbeitsfläche 8 mm dick ausrollen. Mit einem scharfen Messer in etwa 30 Quadrate schneiden.

5. Je etwa vier Teigstücke ins heiße Öl gleiten lassen und von jeder Seite 1–2 Minuten ausbacken, bis sie goldbraun und aufgegangen sind. Die Teigstücke während des Frittierens mehrmals mit heißem Öl übergießen. Mit einem Schaumlöffel herausnehmen und auf Küchenpapier abtropfen lassen. Großzügig mit dem Puderzucker bestäuben und sofort servieren.

Diese luftigen, mit Puderzucker bestäubten Beignets sind in den Cafés des French Quater von New Orleans sehr beliebt.

Schoko-Donuts

ERGIBT **ZUBEREITUNG** **BACKZEIT**
14 **25** **55** MINUTEN
PLUS RUHEZEIT

ZUTATEN

125 ml warme Milch
1 Ei
5 Tropfen Vanillearoma
30 g Kakaopulver
225 g Weizenmehl Type 405
½ TL Speisenatron
½ TL Backpulver
½ TL Salz
100 g Feinstzucker
25 g Butter
Öl, zum Ausbacken

GLASUR

40 g Zartbitterschokolade, in Stücke gebrochen
40 g weiße Schokolade, in Stücke gebrochen

1. Milch, Ei und Vanillearoma in einer Rührschüssel mischen.

2. Kakaopulver, Mehl, Natron, Backpulver, Salz und Zucker in der Rührschüssel einer Küchenmaschine vermengen. Die Butter mit dem Rührbesen einarbeiten und nach und nach die Milchmischung zugießen. Rühren, bis ein glatter, fester Teig entstanden ist.

3. Den Teig 20 Minuten in der Schüssel ruhen lassen.

4. Den Teig auf einer bemehlten Arbeitsfläche etwa 1 cm dick ausrollen. Mit einem Donutausstecher 14 Ringe ausstechen.

5. Reichlich Öl in einem großen Topf oder in einer Fritteuse auf 180–190 °C erhitzen, sodass ein Brotwürfel darin in 30 Sekunden braun wird. Die Donuts nacheinander vorsichtig hineingleiten lassen und von jeder Seite 2 Minuten ausbacken, bis sie goldbraun sind. Mit einem Schaumlöffel aus dem heißen Fett nehmen und auf Küchenpapier abtropfen lassen.

6. Für die Glasur die beiden Schokoladensorten getrennt in hitzebeständigen Schüsseln über einem Wasserbad schmelzen. Die Donuts nach Belieben mit der Schokolade überziehen und verzieren.

Es wird Ihnen schwerfallen, bei diesen superleckeren Schoko-Donuts nur einmal zuzugreifen.

Schoko-Marshmallow-Krapfen

ERGIBT 12 **ZUBEREITUNG** 45 **BACKZEIT** 16 MINUTEN
PLUS GEHZEIT

ZUTATEN

150 ml Milch
25 g Pflanzenfett
300 g Weizenmehl Type 550, plus etwas mehr zum Bestäuben und Kneten
¼ TL Salz
1½ TL Trockenbackhefe
2 EL Feinstzucker, plus etwas mehr zum Bestreuen
1 großes Ei, verquirlt
12 kleine Stücke Zartbitterschokolade
48 weiße Mini-Marshmallows
Öl, zum Einfetten und Ausbacken
1 kleiner Vollkornkeks, zerbröselt

GLASUR

50 g Puderzucker, gesiebt
2 EL Wasser

1. Milch und Pflanzenfett in einem kleinen Topf sanft erhitzen, bis die Butter zerlassen ist. Dann 5 Minuten abkühlen lassen.

2. Das Mehl in eine große Rührschüssel sieben und Salz, Hefe und Zucker untermengen. Milchmischung und Ei zugießen und alles zu einem weichen Teig verarbeiten. Den Teig auf einer bemehlten Arbeitsfläche 5–6 Minuten kneten, bis er geschmeidig und elastisch ist. Gegebenenfalls noch etwas Mehl einarbeiten.

3. Den Teig in eine Schüssel geben und abgedeckt an einem warmen Ort 1 Stunde gehen lassen, bis sich sein Volumen verdoppelt hat. Zwei Backbleche mit Backpapier belegen.

4. Den Teig nochmals kurz durchkneten, in zwölf Portionen teilen und zu 9 cm großen Kreisen ausrollen. Je 1 Schokoladenstück und 4 Marshmallows in die Mitte geben. Die Teigränder darüberschlagen und gut zusammendrücken. Mit der Naht nach unten auf die vorbereiteten Bleche setzen und mit der Handfläche etwas flach drücken. Mit leicht geölter Frischhaltefolie abdecken und an einem warmen Ort 8–10 Minuten gehen lassen.

5. Reichlich Öl in einem großen Topf oder in einer Fritteuse auf 180–190 °C erhitzen, sodass ein Brotwürfel darin in 30 Sekunden braun wird. Je drei Krapfen von jeder Seite 1–2 Minuten ausbacken, bis sie goldbraun sind. Mit einem Schaumlöffel aus dem heißen Fett nehmen und auf Küchenpapier abtropfen lassen.

6. Für die Glasur Puderzucker und Wasser in einer Schale glatt rühren. Die Oberseite der warmen Donuts hineintauchen und mit den Kekskrümeln bestreuen. Warm servieren.

Diese köstlichen Krapfen sollten serviert werden, solange sie warm sind und der Schoko-Marshmallow-Kern noch flüssig ist.

Mini-Honig-Pistazien-Donuts

ERGIBT 24 **ZUBEREITUNG** 20 **BACKZEIT** 20 MINUTEN

ZUTATEN

120 g Weizenmehl Type 405
1½ TL Backpulver
1 Prise Salz
50 g weiche Butter, plus etwas mehr zum Einfetten
50 g Feinstzucker
1 Ei, verquirlt
6 EL Milch
40 g Pistazienkerne, fein gehackt

GLASUR

80 g Puderzucker
1 EL klarer Honig, erwärmt
2 TL Milch

1. Den Backofen auf 190 °C vorheizen. Eine 12er-Mini-Donutform einfetten. Mehl, Backpulver und Salz in eine Rührschüssel sieben.

2. Butter und Zucker in einer zweiten Rührschüssel hell und cremig schlagen. Nach und nach das Ei untermengen und die Hälfte der Mehlmischung einarbeiten. Die Milch unterrühren. Dann die restliche Mehlmischung und drei Viertel der Pistazien unterheben.

3. Den Teig in einen großen Einwegspritzbeutel füllen und die Spitze abschneiden. Die Vertiefungen der vorbereiteten Form zu zwei Dritteln mit Teig füllen.

4. Im vorgeheizten Ofen 8–10 Minuten backen, bis die Donuts goldgelb, aufgegangen und fest sind. 2–3 Minuten in der Form abkühlen lassen, dann auf ein Kuchengitter heben. Die Form ausspülen, erneut einfetten und den restlichen Teig auf dieselbe Weise backen.

5. Für die Glasur den Puderzucker in eine Schüssel sieben und mit Honig und Milch zu einer glatten Masse verrühren. Die Oberseite der Donuts kurz in die Glasur tauchen und mit den restlichen Pistazien bestreuen.

Diese feinen, kleinen Küchlein sind die ideale Begleitung zum Nachmittagskaffee. Die Pistazien können nach Belieben durch Wal- oder Haselnüsse ersetzt werden.

Zitronen-Churros mit Orangensauce

ERGIBT 20 **ZUBEREITUNG** 20 **BACKZEIT** 25 MINUTEN

ZUTATEN

100 g Butter, gewürfelt
300 ml Wasser
140 g Weizenmehl Type 405, gesiebt
1 große Prise Salz
2 große Eier, verquirlt
fein abgeriebene Schale von 1 großen Zitrone
Öl, zum Ausbacken
Puderzucker, zum Bestäuben

ORANGENSAUCE

1 EL Pfeilwurzelmehl
300 ml frisch gepresster Orangensaft
40 g Feinstzucker

1. Für die Orangensauce Pfeilwurzelmehl und 2 Esslöffel Orangensaft glatt rühren. Den restlichen Saft mit dem Zucker in einem kleinen Topf sanft erhitzen, bis der Zucker sich aufgelöst hat. Die Pfeilwurzelmehlmischung zugeben und unter Rühren köcheln lassen, bis die Sauce etwas eingedickt ist. Vom Herd nehmen und abgedeckt warm halten.

2. Butter und Wasser in einem großen Topf erhitzen, bis die Butter zerlassen ist. Zum Kochen bringen, dann den Topf vom Herd nehmen. Mehl und Salz auf einmal zufügen und kräftig rühren, bis die Masse glatt ist und sich von der Topfwand löst. Etwa 5 Minuten abkühlen lassen, dann nach und nach die Eier unterrühren, bis ein dicker, glänzender Teig entstanden ist. Die Zitronenschale einarbeiten.

3. Reichlich Öl in einem großen Topf oder in einer Fritteuse auf 180–190 °C erhitzen, sodass ein Brotwürfel darin in 30 Sekunden braun wird. Den Brandteig in einen großen Spritzbeutel mit großer Sterntülle füllen und vier bis fünf kurze Teigstücke direkt ins heiße Fett spritzen. Unter häufigem Wenden 2–3 Minuten ausbacken, bis sie knusprig und goldbraun sind. Mit einem Schaumlöffel herausnehmen und auf Küchenpapier abtropfen lassen. Warm halten, bis alle Churros fertig sind.

4. Die heißen Churros mit Puderzucker bestäuben und sofort mit der Orangensauce zum Tunken servieren.

Das feinsäuerliche Zitronenaroma verleiht den mexikanisch inspirierten Churros eine frische Note.

Schokoladenbällchen

ERGIBT 45 **ZUBEREITUNG** 40 **BACKZEIT** 20 MINUTEN
PLUS GEHZEIT

ZUTATEN

175 ml Milch
40 g Butter
300 g Weizenmehl Type 550, plus etwas mehr zum Bestäuben und Kneten
1 EL Kakaopulver
2 TL Zimt
¼ TL Salz
1½ TL Trockenbackhefe
2 EL Feinstzucker
1 großes Ei, verquirlt
Öl, zum Einfetten und Ausbacken
140 g Zartbitterschokolade, in Stücke gebrochen
140 g weiße Schokolade, in Stücke gebrochen
Schoko- oder Zuckerstreusel, zum Dekorieren (nach Belieben)

1. Milch und Butter in einem kleinen Topf sanft erhitzen, bis die Butter zerlassen ist. Dann 5 Minuten abkühlen lassen.

2. Mehl und Kakaopulver in eine große Rührschüssel sieben. Zimt, Salz, Hefe und Zucker untermengen. Milchmischung und Ei zufügen und alles zu einem weichen Teig verarbeiten. Den Teig auf einer bemehlten Arbeitsfläche 5–6 Minuten kneten, bis er geschmeidig und elastisch ist. Gegebenenfalls noch etwas Mehl einarbeiten.

3. Den Teig in eine Schüssel geben und abgedeckt an einem warmen Ort 1 Stunde gehen lassen, bis sich sein Volumen verdoppelt hat. Drei Backbleche mit Backpapier belegen.

4. Den Teig nochmals kurz durchkneten und auf einer bemehlten Arbeitsfläche 1,5 cm dick ausrollen. Mit einem Ausstechring (2,5 cm Ø) etwa 45 Kreise ausstechen. Die Kreise auf zwei Bleche legen, mit leicht geölter Frischhaltefolie abdecken und an einem warmen Ort 5–10 Minuten gehen lassen.

5. Reichlich Öl in einem großen Topf oder in einer Fritteuse auf 180–190 °C erhitzen, sodass ein Brotwürfel darin in 30 Sekunden braun wird. Je sechs bis acht Teigkreise hineingleiten lassen und 2–3 Minuten unter ständigem Wenden ausbacken, bis sie goldbraun sind. Mit einem Schaumlöffel aus dem heißen Fett nehmen und auf Küchenpapier abtropfen. Abkühlen lassen.

6. Die beiden Schokoladensorten in zwei hitzebeständigen Schüsseln über einem Wasserbad schmelzen, dann 5 Minuten abkühlen lassen. Je die Hälfte der Bällchen in die dunkle bzw. in die weiße Schokolade tauchen und darin wenden, bis sie vollständig überzogen sind. Nach Belieben mit den Streuseln dekorieren. Die Bällchen auf das dritte Blech setzen und fest werden lassen.

Diese kleinen Bällchen sind so lecker, dass es sich lohnt, die doppelte Menge zuzubereiten. Sie sind ideal für einen Kindergeburtstag.

Blaubeer-Donuts

ERGIBT ZUBEREITUNG BACKZEIT
12   20   30 MINUTEN

ZUTATEN

200 g Weizenmehl Type 405
3 TL Backpulver
120 g Feinstzucker
¼ TL Salz
125 ml Buttermilch
2 große Eier, verquirlt
2–3 Tropfen Vanillearoma
25 g Butter, zerlassen, plus etwas mehr zum Einfetten
125 g frische kleine Blaubeeren

GLASUR

120 g Puderzucker
2 EL Milch
5 Tropfen Vanillearoma

1. Den Backofen auf 190 °C vorheizen. Eine 6er-Donutform einfetten.

2. Mehl und Backpulver in eine große Rührschüssel sieben. Zucker und Salz untermengen und eine Vertiefung in die Mitte drücken. Buttermilch, Eier, Vanillearoma und zerlassene Butter in einem Rührbecher mischen und in die Vertiefung gießen. Mit den Trockenzutaten zu einem glatten Teig verarbeiten, dann die Blaubeeren vorsichtig unterheben.

3. Mithilfe eines Teelöffels die Vertiefungen der vorbereiteten Form zu zwei Dritteln mit Teig füllen. Im vorgeheizten Ofen 12–15 Minuten backen, bis die Donuts goldbraun, aufgegangen und fest sind. Etwa 5 Minuten in der Form abkühlen lassen, dann auf ein Kuchengitter heben. Die Form ausspülen, erneut einfetten und den restlichen Teig auf dieselbe Weise backen.

4. Für die Glasur den Puderzucker in eine Schale sieben und mit Milch und Vanillearoma zu einer glatten Masse verrühren. Die Donuts damit überziehen, sodass die Glasur an den Seiten hinunterläuft. Fest werden lassen.

Diese Donuts stecken voller saftiger Blaubeeren und haben ein wunderbar fruchtiges Aroma, das perfekt von der Vanilleglasur ergänzt wird.

Cookie-Sahne-Krapfen

ERGIBT	ZUBEREITUNG	BACKZEIT
12	45	20 MINUTEN

PLUS GEHZEIT

ZUTATEN

175 ml Milch
25 g Butter
350 g Weizenmehl Type 550, plus etwas mehr zum Bestäuben und Kneten
¼ TL Salz
1½ TL Trockenbackhefe
25 g Feinstzucker, plus etwas mehr zum Bestreuen
1 Ei, verquirlt
Öl, zum Einfetten und Ausbacken
4 EL kernlose Himbeerkonfitüre

FÜLLUNG
450 g Schlagsahne
70 g Schoko-Doppelkekse

GLASUR
140 g Puderzucker
2 EL Wasser

1. Milch und Butter in einem kleinen Topf sanft erhitzen, bis die Butter zerlassen ist. Dann 5 Minuten abkühlen lassen.

2. Das Mehl in eine große Rührschüssel sieben und Salz, Hefe und Zucker untermengen. Milchmischung und Ei zufügen und alles zu einem weichen Teig verarbeiten. Den Teig auf einer bemehlten Arbeitsfläche 5–6 Minuten kneten, bis er geschmeidig und elastisch ist. Gegebenenfalls noch etwas Mehl einarbeiten. Den Teig in eine Schüssel geben und abgedeckt an einem warmen Ort 1 Stunde gehen lassen, bis sich sein Volumen verdoppelt hat. Zwei Backbleche mit Backpapier belegen.

3. Den Teig nochmals kurz durchkneten und auf einer leicht bemehlten Arbeitsfläche 1 cm dick ausrollen. Mit einem Ausstechring (9 cm Ø) insgesamt zwölf Kreise ausstechen. Auf die vorbereiteten Bleche legen, mit leicht geölter Frischhaltefolie abdecken und an einem warmen Ort 10 Minuten gehen lassen.

4. Reichlich Öl in einem großen Topf oder in einer Fritteuse auf 180–190 °C erhitzen, sodass ein Brotwürfel darin in 30 Sekunden braun wird. Je zwei bis drei Teigstücke hineingleiten lassen und von jeder Seite 1–2 Minuten ausbacken, bis sie goldbraun sind. Mit einem Schaumlöffel aus dem heißen Fett nehmen und auf Küchenpapier abtropfen. Abkühlen lassen.

5. Für die Füllung die Sahne steif schlagen. Die Kekse grob zerdrücken und bis auf 2 Esslöffel unter die Sahne heben.

6. Für die Glasur den Puderzucker in eine Schale sieben und mit dem Wasser zu einer glatten Masse verrühren.

7. Die Krapfen durchschneiden und die untere Hälfte mit der Konfitüre bestreichen. Die Schlagsahne darauf verteilen. Die oberen Hälften in die Glasur tauchen und auf die Sahnefüllung setzen. Mit den restlichen Kekskrümeln bestreuen und die Glasur fest werden lassen.

Diese Krapfen eignen sich gut für besondere Anlässe. Sie können am Vortag ausgebacken und über Nacht im Kühlschrank aufbewahrt werden.

Schoko-Nuss-Donuts

ERGIBT **ZUBEREITUNG** **BACKZEIT**
8 **40** **20** MINUTEN
PLUS GEHZEIT

ZUTATEN

175 ml Milch
40 g Butter
280 g Weizenmehl Type 550, plus etwas mehr zum Bestäuben und Kneten
2 EL Kakaopulver
¼ TL Salz
1½ TL Trockenbackhefe
2 EL Feinstzucker
1 großes Ei, verquirlt
Öl, zum Einfetten und Ausbacken

BELAG

120 g Vollmilchschokolade, in Stücke gebrochen
40 g Butter
3 EL gemischte gehackte Nüsse
40 g rosa und weiße Mini-Marshmallows
25 g Belegkirschen, gehackt

1. Milch und Butter in einem kleinen Topf sanft erhitzen, bis die Butter zerlassen ist. Dann 5 Minuten abkühlen lassen.

2. Mehl und Kakaopulver in eine große Rührschüssel sieben und Salz, Hefe und Zucker untermengen. Milchmischung und Ei zufügen und alles zu einem weichen Teig verarbeiten. Den Teig auf einer bemehlten Arbeitsfläche 5–6 Minuten kneten, bis er geschmeidig und elastisch ist. Gegebenenfalls noch etwas Mehl einarbeiten.

3. Den Teig in eine Schüssel geben und abgedeckt an einem warmen Ort 1–1½ Stunden gehen lassen, bis sich sein Volumen verdoppelt hat. Ein Backblech mit Backpapier belegen.

4. Den Teig nochmals kurz durchkneten und auf einer leicht bemehlten Arbeitsfläche 1,5 cm dick ausrollen. Mit einem Donutausstecher (8 cm Ø) sechs Ringe ausstechen. Die Teigreste zusammenkneten, neu ausrollen und zwei weitere Ringe ausstechen. Auf das vorbereitete Blech legen und abgedeckt mit leicht geölter Frischhaltefolie an einem warmen Platz 10 Minuten gehen lassen.

5. Reichlich Öl in einem großen Topf oder in einer Fritteuse auf 180–190 °C erhitzen, sodass ein Brotwürfel darin in 30 Sekunden braun wird. Die Donuts portionsweise hineingleiten lassen und von jeder Seite 1–2 Minuten ausbacken, bis sie goldbraun sind. Mit einem Schaumlöffel aus dem heißen Fett nehmen und auf Küchenpapier abtropfen. Abkühlen lassen.

6. Für den Belag die Schokolade mit der Butter in einer hitzebeständigen Schüssel über einem Wasserbad schmelzen und glatt rühren, dann 5 Minuten abkühlen lassen. Die Donuts in die Schokolade tauchen und auf ein Kuchengitter setzen. Mit Nüssen, Marshmallows und Belegkirschen dekorieren. Die restliche Schokolade darüberträufeln und fest werden lassen.

Diese verführerischen Donuts haben einen Belag aus cremiger Milchschokolade, knackigen Nüssen, herrlich weichen Marshmallows und Kirschen.

Churros

ERGIBT 16   **ZUBEREITUNG** 25   **BACKZEIT** 20 MINUTEN

ZUTATEN

225 ml Wasser
80 g Butter oder Schweineschmalz, gewürfelt
2 EL dunkler Muskovado-Zucker
fein abgeriebene Schale von 1 kleinen Orange (nach Belieben)
1 Prise Salz
175 g Weizenmehl Type 405, gesiebt
1 TL Zimt, plus etwas mehr zum Bestreuen
5 Tropfen Vanillearoma
2 Eier
Öl, zum Ausbacken
Feinstzucker, zum Bestreuen

1. Das Wasser mit Butter, Zucker, Orangenschale, falls verwendet, und Salz in einem Topf erhitzen, bis die Butter zerlassen ist.

2. Mehl, Zimt und Vanillearoma auf einmal zufügen. Den Topf vom Herd nehmen und kräftig rühren, bis sich die Masse von der Topfwand löst.

3. Etwas abkühlen lassen, dann nach und nach die Eier sorgfältig einarbeiten, bis ein dicker, glänzender Teig entstanden ist. In einen Spritzbeutel mit großer Sterntülle füllen.

4. Reichlich Öl in einem großen Topf oder in einer Fritteuse auf 180–190 °C erhitzen, sodass ein Brotwürfel darin in 30 Sekunden braun wird. Etwa 13 cm lange Teigstücke mit 8 cm großem Abstand direkt ins heiße Fett spritzen und 2–3 Minuten unter häufigem Wenden ausbacken, bis sie goldbraun und knusprig sind. Mit einem Schaumlöffel herausnehmen und auf Küchenpapier abtropfen lassen. Warm halten, bis alle Churros fertig sind.

5. Die Churros mit Zucker und Zimt bestäuben und sofort servieren.

Egal ob warm oder kalt serviert — diese Churros sind immer ein Genuss.

Gezuckerte Donuts

ERGIBT **ZUBEREITUNG** **BACKZEIT**
8   **35**   **15** MINUTEN
PLUS KÜHLZEIT

ZUTATEN

250 g Weizenmehl Type 405, plus etwas mehr zum Bestäuben
4 TL Backpulver
½ TL Lebkuchengewürz
¼ TL Salz
50 g Feinstzucker
1 großes Ei, verquirlt
100 ml Milch
25 g Butter, zerlassen und leicht abgekühlt
2–3 Tropfen Vanillearoma
Öl, zum Ausbacken
120 g Puderzucker, plus eventuell etwas mehr zum Bestäuben

1. Mehl, Backpulver und Lebkuchengewürz in eine große Rührschüssel sieben und Salz und Zucker untermengen. Eine Vertiefung in die Mitte drücken.

2. Ei, Milch, Butter und Vanillearoma in einem Rührbecher mischen und in die Vertiefung gießen. Mit den Trockenzutaten zu einem weichen Teig verarbeiten. Falls er zu klebrig ist, noch etwas Mehl einarbeiten. Abgedeckt 30 Minuten im Kühlschrank ruhen lassen.

3. Den Teig auf einer leicht bemehlten Arbeitsfläche 1,5 cm dick ausrollen und mit einem Donutausstecher (8 cm Ø) acht Ringe ausstechen.

4. Reichlich Öl in einem großen Topf oder in einer Fritteuse auf 180–190 °C erhitzen, sodass ein Brotwürfel darin in 30 Sekunden braun wird. Die Donuts in zwei Portionen hineingleiten lassen und von jeder Seite 3–4 Minuten ausbacken, bis sie goldbraun und knusprig sind. Mit einem Schaumlöffel aus dem heißen Fett nehmen, auf Küchenpapier abtropfen und 10 Minuten abkühlen lassen.

5. Den Puderzucker auf einen Teller sieben und die Donuts sorgfältig darin wenden. Sofort servieren, bevor sich der Puderzucker auflöst. Alternativ nochmals großzügig mit Puderzucker bestäuben.

Das Tolle an diesen knusprigen Donuts ist, dass der Teig keine Zeit zum Gehen benötigt und man sie sofort warm essen kann.

Spritzringe

ERGIBT 8   **ZUBEREITUNG** 25   **BACKZEIT** 20 MINUTEN
PLUS GEFRIERZEIT

ZUTATEN

50 g Butter
125 ml Wasser
2 TL Feinstzucker
120 g Weizenmehl Type 405
1 TL Backpulver
1 große Prise Salz
2 Eier
1 Eiweiß
Öl, zum Ausbacken

GLASUR

225 g Puderzucker
4 EL Milch

1. Butter, Wasser und Zucker in einem großen Topf erhitzen, bis die Butter zerlassen ist. Zum Kochen bringen. Den Topf vom Herd nehmen und Mehl, Backpulver und Salz auf einmal hineingeben. Kräftig rühren, bis sich die Masse von der Topfwand löst. Den Topf wieder auf den Herd setzen und 1 Minute rühren.

2. Den Teig 5 Minuten abkühlen lassen, dann Eier und Eiweiß einzeln einarbeiten, bis der Teig dick und glänzend ist.

3. Ein Backblech mit Backpapier belegen. Den Teig in einen großen Spritzbeutel mit großer Sterntülle füllen. Acht Ringe (8 cm Ø) auf das Backpapier spritzen und 1 Stunde im Gefrierfach gefrieren lassen.

4. Reichlich Öl in einem großen Topf oder in einer Fritteuse auf 180–190 °C erhitzen, sodass ein Brotwürfel darin in 30 Sekunden braun wird. Die halb gefrorenen Ringe portionsweise hineingleiten lassen und 2–3 Minuten ausbacken, bis sie goldbraun und knusprig sind. Mit einem Schaumlöffel aus dem heißen Fett nehmen und auf Küchenpapier abtropfen lassen.

5. Für die Glasur den Puderzucker in eine große Schüssel sieben und mit der Milch zu einer glatten Masse verrühren. Die warmen Spritzringe ganz hineintauchen. Die Glasur auf einem Kuchengitter fest werden lassen.

Diese einfachen, knusprigen Spritzringe aus Brandteig schmecken am
besten, wenn man sie noch am Tag
der Zubereitung serviert.

Kürbis-Donuts

ERGIBT	ZUBEREITUNG	BACKZEIT
6	25	15 MINUTEN

ZUTATEN

120 g Weizenmehl Type 405
1½ TL Backpulver
½ TL Salz
1 TL Zimt
½ TL frisch geriebene Muskatnuss
50 g weiche Butter, plus etwas mehr zum Einfetten
50 g Rohrzucker
1 großes Ei, verquirlt
5 Tropfen Vanillearoma
1 EL Milch
120 g Kürbispüree

GLASUR

120 g Puderzucker
½ TL Zimt
2 EL Milch
1–2 TL Ahornsirup

1. Den Backofen auf 190 °C vorheizen. Eine 6er-Donutform einfetten.

2. Mehl und Backpulver in eine Rührschüssel sieben und Salz, Zimt und Muskatnuss untermengen. Butter und Zucker in einer zweiten Schüssel hell und cremig rühren. Nach und nach Ei, Vanillearoma und Milch einarbeiten. Mehlmischung und Kürbispüree unterziehen.

3. Den Teig in einen großen Spritzbeutel mit Lochtülle füllen und in die vorbereitete Form spritzen. Im vorgeheizten Ofen 15 Minuten backen, bis die Donuts goldbraun, aufgegangen und fest sind. Etwa 5 Minuten in der Form abkühlen lassen, dann auf ein Kuchengitter heben und abkühlen lassen.

4. Für die Glasur Puderzucker und Zimt in eine Schale sieben und mit Milch und Ahornsirup zu einer glatten Masse verrühren. Die Oberseite der Donuts hineintauchen und die Glasur fest werden lassen.

Cremig püriertes Kürbisfleisch verleiht diesen leichten Donuts eine schöne Farbe und macht sie besonders saftig. Die Muskatnuss kann durch gemahlenen Ingwer ersetzt werden.

Mokka-Beignets

ERGIBT 24 **ZUBEREITUNG** 40 **BACKZEIT** 20 MINUTEN
PLUS GEHZEIT

ZUTATEN

5 EL heißer starker Kaffee
40 g Rohrzucker
1½ TL Trockenbackhefe
¼ TL Salz
1 Ei, verquirlt
125 ml warme Kondensmilch
350 g Weizenmehl Type 550, plus etwas mehr zum Bestäuben und Kneten
25 g weiches Pflanzenfett
Öl, zum Ausbacken
2 EL fein gehackte Zartbitterschokolade

GLASUR

120 g Puderzucker
1 EL Kakaopulver
1 EL kalter starker Kaffee
1–2 EL Milch

1. Den Kaffee in eine große Rührschüssel geben und den Zucker darin unter Rühren auflösen. Etwa 5 Minuten abkühlen lassen, dann Hefe, Salz, Ei und Kondensmilch untermischen. Die Hälfte des Mehls zufügen und alles zu einem glatten Teig verrühren. Das Pflanzenfett untermischen und das restliche Mehl einarbeiten, sodass ein weicher Teig entsteht.

2. Den Teig auf einer leicht bemehlten Arbeitsfläche 4–5 Minuten kneten, bis er geschmeidig und elastisch ist. Gegebenenfalls noch etwas Mehl einarbeiten. Den Teig in eine Schüssel geben und abgedeckt an einem warmen Ort etwa 2 Stunden gehen lassen, bis sich sein Volumen verdoppelt hat.

3. Reichlich Öl in einem großen Topf oder in einer Fritteuse auf 180–190 °C erhitzen, sodass ein Brotwürfel darin in 30 Sekunden braun wird.

4. Inzwischen den Teig nochmals kurz durchkneten und auf einer leicht bemehlten Arbeitsfläche 8 mm dick ausrollen. Mit einem Ausstechring (5 cm Ø) insgesamt 24 Kreise ausstechen. Dabei die Teigreste wieder zusammenkneten und erneut ausrollen.

5. Je etwa vier Teigkreise ins heiße Öl gleiten lassen und von jeder Seite 1–2 Minuten ausbacken, bis sie goldbraun und aufgegangen sind. Während des Frittierens die Beignets regelmäßig mit heißem Fett übergießen. Mit einem Schaumlöffel herausnehmen und auf Küchenpapier abtropfen lassen.

6. Für die Glasur Puderzucker und Kakaopulver in eine Schüssel sieben. Kaffee und so viel Milch unterrühren, dass eine glatte, dickflüssige Masse entsteht. Die warmen Beignets hineintauchen und mit gehackter Schokolade bestreuen. Sofort servieren.

Sie können den Teig für diese Beignets am Vorabend zubereiten und über Nacht langsam im Kühlschrank gehen lassen.

Boston-Cream-Donuts

ERGIBT	ZUBEREITUNG	BACKZEIT
12	45	20 MINUTEN

PLUS GEHZEIT

ZUTATEN

175 ml Milch
25 g Butter
350 g Weizenmehl Type 550, plus etwas mehr zum Bestäuben und Kneten
½ TL Salz
25 g Feinstzucker
1½ TL Trockenbackhefe
1 Ei, verquirlt
Öl, zum Einfetten und Ausbacken
4 EL Vanillepudding
100 g Schlagsahne, leicht steif geschlagen

GLASUR

100 g Zartbitterschokolade, fein gehackt
100 g Schlagsahne

1. Milch und Butter in einem kleinen Topf sanft erhitzen, bis die Butter zerlassen ist. Dann 5 Minuten abkühlen lassen.

2. Das Mehl in eine große Rührschüssel sieben und Salz, Zucker und Hefe untermengen. Milchmischung und Ei zufügen und alles zu einem weichen Teig verarbeiten. Den Teig auf einer bemehlten Arbeitsfläche 5–6 Minuten kneten, bis er geschmeidig und elastisch ist. Gegebenenfalls noch etwas Mehl einarbeiten.

3. Den Teig in eine Schüssel geben und abgedeckt an einem warmen Ort 1 Stunde gehen lassen, bis sich sein Volumen verdoppelt hat. Ein Backblech mit Backpapier belegen.

4. Den Teig nochmals kurz durchkneten, in zwölf Portionen teilen und zu Kugeln formen. Leicht flach drücken, auf das vorbereitete Blech legen und mit leicht geölter Frischhaltefolie abgedeckt an einem warmen Ort 10–15 Minuten gehen lassen.

5. Reichlich Öl in einem großen Topf oder in einer Fritteuse auf 180–190 °C erhitzen, sodass ein Brotwürfel darin in 30 Sekunden braun wird. Je drei bis vier Donuts hineingleiten lassen und von jeder Seite 1–2 Minuten ausbacken, bis sie goldbraun sind. Mit einem Schaumlöffel aus dem heißen Fett nehmen und auf Küchenpapier abtropfen. Abkühlen lassen.

6. Mit einem spitzen Messer seitlich ein kleines Loch in die Donuts bohren. Den Pudding unter die Schlagsahne ziehen. Die Creme in einen Spritzbeutel mit Lochtülle füllen und in die Donuts spritzen.

7. Für die Glasur die Schokolade in einer hitzebeständigen Schüssel über einem Wasserbad schmelzen. Die Sahne in einem kleinen Topf bis knapp unter den Siedepunkt erhitzen, über die Schokolade gießen und glatt rühren. Etwa 5 Minuten abkühlen lassen, dann die Oberseite der Donuts in die Glasur tauchen und fest werden lassen.

Die vom amerikanischen Tortenklassiker Boston Cream Pie inspirierten Donuts werden mit Vanillecreme gefüllt und mit einer cremigen Schokoladenglasur überzogen.

Ahorn-Pekannuss-Donuts

ERGIBT 6
ZUBEREITUNG 45
BACKZEIT 15 MINUTEN
PLUS GEHZEIT

ZUTATEN

125 ml Milch
15 g Butter
3 EL Ahornsirup
275 g Weizenmehl Type 550, plus etwas mehr zum Bestäuben und Kneten
¼ TL Salz
1½ TL Trockenbackhefe
1 Ei, verquirlt
Öl, zum Einfetten und Ausbacken
25 g Pekannusskerne, fein gehackt

GUSS

50 g Frischkäse
40 g Puderzucker
1 EL Ahornsirup

1. Milch, Butter und Ahornsirup in einem kleinen Topf sanft erhitzen, bis die Butter zerlassen ist. Dann 5 Minuten abkühlen lassen.

2. Das Mehl in eine große Schüssel sieben und Salz und Hefe untermengen. Milchmischung und Ei zufügen und alles zu einem weichen Teig verarbeiten. Den Teig auf einer bemehlten Arbeitsfläche 5–6 Minuten kneten, bis er geschmeidig ist. Den Teig in eine Schüssel geben und abgedeckt an einem warmen Ort 1 Stunde gehen lassen, bis sich sein Volumen verdoppelt hat. Ein Backblech mit Backpapier belegen.

3. Den Teig nochmals kurz durchkneten und auf einer leicht bemehlten Arbeitsfläche zu einem 15 cm x 30 cm großen Rechteck ausrollen. Mit einem scharfen Messer die Ränder begradigen und die Teigplatte in sechs Streifen schneiden. Auf das vorbereitete Blech heben und mit leicht geölter Frischhaltefolie abgedeckt an einem warmen Ort 10–15 Minuten gehen lassen.

4. Reichlich Öl in einem großen Topf oder in einer Fritteuse auf 180–190 °C erhitzen, sodass ein Brotwürfel darin in 30 Sekunden braun wird. Je zwei bis drei Donuts hineingleiten lassen und von jeder Seite 1–2 Minuten goldbraun ausbacken. Auf Küchenpapier abtropfen. Abkühlen lassen.

5. Für den Guss den Frischkäse cremig rühren. Puderzucker und Ahornsirup sorgfältig unterrühren. Die Donuts damit bestreichen und mit den Pekannüssen bestreuen.

Diese rechteckigen Jumbo-Donuts sind perfekt zum Teilen. Alternativ zu den Pekannusskernen können Sie auch Wal- oder Haselnüsse verwenden.

Gefüllte Krapfen

ERGIBT	ZUBEREITUNG	BACKZEIT
8	45	25 MINUTEN

PLUS GEHZEIT

ZUTATEN

175 ml Milch

25 g Butter

350 g Weizenmehl Type 550, plus etwas mehr zum Bestäuben und Kneten

½ TL Salz

1½ TL Trockenbackhefe

25 g Feinstzucker

1 Ei, verquirlt

Öl, zum Einfetten und Ausbacken

150 g Schlagsahne, steif geschlagen

GUSS

50 g Butter

100 g Rohrzucker

3 EL Milch

5 Tropfen Vanillearoma

70 g Puderzucker, gesiebt

1. Milch und Butter in einem kleinen Topf sanft erhitzen, bis die Butter zerlassen ist. Dann 5 Minuten abkühlen lassen.

2. Das Mehl in eine große Rührschüssel sieben und Salz, Hefe und Zucker untermengen. Milchmischung und Ei zufügen und alles zu einem weichen Teig verarbeiten. Den Teig auf einer bemehlten Arbeitsfläche 5–6 Minuten kneten, bis er geschmeidig und elastisch ist. Gegebenenfalls noch etwas Mehl einarbeiten. Den Teig in eine Schüssel geben und abgedeckt an einem warmen Ort 1 Stunde gehen lassen, bis sich sein Volumen verdoppelt hat. Ein Backblech mit Backpapier belegen.

3. Den Teig nochmals kurz durchkneten, in zwei Hälften teilen und auf einer leicht bemehlten Arbeitsfläche zu 15 cm großen Quadraten ausrollen. Die Ränder begradigen und die Quadrate in je vier kleinere Quadrate schneiden. Auf das vorbereitete Blech legen und mit leicht geölter Frischhaltefolie abdecken. An einem warmen Ort 10–15 Minuten gehen lassen.

4. Reichlich Öl in einem großen Topf oder in einer Fritteuse auf 180–190 °C erhitzen, sodass ein Brotwürfel darin in 30 Sekunden braun wird. Je zwei bis drei Krapfen hineingleiten lassen und von jeder Seite 1–2 Minuten ausbacken, bis sie goldbraun sind. Mit einem Schaumlöffel aus dem heißen Fett nehmen und auf Küchenpapier abtropfen lassen. Abkühlen lassen.

5. Mit einem spitzen Messer seitlich ein Loch in die Krapfen bohren. Die Sahne in einen Spritzbeutel mit Lochtülle füllen und in die Krapfen spritzen.

6. Für den Guss Butter und Zucker in einen Topf geben und bei mittlerer Hitze gelegentlich rühren, bis der Zucker sich aufgelöst hat. Dann die Mischung 1 Minute einkochen. Milch und Vanillearoma unterrühren und alles 1 Minute köcheln lassen. Dann den Puderzucker unterrühren und den Guss 10–20 Minuten abkühlen lassen, bis er etwas dickflüssiger ist. Die Oberseite der Krapfen hineintauchen und den Guss fest werden lassen.

Diese quadratischen, mit Sahne gefüllten Krapfen sind vor allem in Schottland beliebt. Das Besondere daran ist der köstliche Vanilleguss mit Butteraroma.

Donuts mit Sahne

ERGIBT	ZUBEREITUNG	BACKZEIT
24	20	40 MINUTEN

ZUTATEN

200 g Feinstzucker
3 Eier
225 g saure Sahne
5 Tropfen Vanillearoma
450 g Weizenmehl Type 405, plus etwas mehr zum Bestäuben und Kneten
1 TL Speisenatron
1 TL Backpulver
½ TL Salz
¼ TL frisch geriebene Muskatnuss
Öl, zum Ausbacken

GLASUR

200 g Puderzucker
3–4 EL Wasser oder Milch

1. Zucker und Eier in einer großen Rührschüssel verrühren. Saure Sahne und Vanillearoma sorgfältig einarbeiten.

2. Die Trockenzutaten zugeben, alles zu einem glatten Teig verarbeiten und auf einer bemehlten Arbeitsfläche 5 Minuten kneten; der Teig sollte relativ weich sein.

3. Den Teig 5 mm dick ausrollen und mit einem bemehlten Donutausstecher insgesamt 24 Ringe ausstechen.

4. Reichlich Öl in einem großen Topf oder in einer Fritteuse auf 180–190 °C erhitzen, sodass ein Brotwürfel darin in 30 Sekunden braun wird. Die Donuts portionsweise hineingleiten lassen und 2 Minuten ausbacken, bis sie goldbraun sind. Mit einem Schaumlöffel aus dem heißen Fett nehmen und auf Küchenpapier abtropfen lassen.

5. Für die Glasur den Puderzucker in eine Schale sieben und nach und nach mit Wasser oder Milch zu einer glatten Masse verrühren.

6. Die abgekühlten Donuts damit überziehen.

Bei diesen leckeren Donuts wird saure Sahne statt Milch verwendet, was sie wunderbar locker und saftig macht.

Kräuterfrischkäse-Donuts

ERGIBT 16
ZUBEREITUNG 45
BACKZEIT 20 MINUTEN
PLUS GEHZEIT

ZUTATEN

175 ml Milch
2 EL Olivenöl
350 g Weizenmehl Type 550, plus etwas mehr zum Bestäuben und Kneten
1 TL Salz
1½ TL Trockenbackhefe
25 g fein geriebener Parmesan
1 Ei, verquirlt
Öl, zum Einfetten und Ausbacken

FÜLLUNG

400 g Frischkäse
2 EL frische Schnittlauchröllchen
2 EL fein gehackte frische Petersilie
Salz und Pfeffer

1. Milch und Öl in einem kleinen Topf erhitzen, bis die Mischung lauwarm ist. Das Mehl in eine große Schüssel sieben und Salz, Hefe und Parmesan untermengen. Milchmischung und Ei zufügen und alles zu einem weichen Teig verarbeiten. Den Teig auf einer bemehlten Arbeitsfläche 5–6 Minuten kneten, bis er geschmeidig ist. Gegebenenfalls noch etwas Mehl einarbeiten.

2. Den Teig in eine Schüssel geben und abgedeckt an einem warmen Ort 1 Stunde gehen lassen, bis sich sein Volumen verdoppelt hat. Zwei Backbleche mit Backpapier belegen.

3. Den Teig nochmals kurz durchkneten und auf einer leicht bemehlten Arbeitsfläche zu einem 25 cm großen Quadrat ausrollen. Die Ränder mit einem scharfen Messer begradigen und die Teigplatte in 16 Quadrate schneiden. Auf das vorbereitete Backblech legen und mit leicht geölter Frischhaltefolie abdecken. An einem warmen Ort 10–15 Minuten gehen lassen.

4. Reichlich Öl in einem großen Topf oder in einer Fritteuse auf 180–190 °C erhitzen, sodass ein Brotwürfel darin in 30 Sekunden braun wird. Je drei bis vier Donuts hineingleiten lassen und von jeder Seite 1–2 Minuten ausbacken, bis sie goldbraun sind. Auf Küchenpapier abtropfen und abkühlen lassen.

5. Für die Füllung Frischkäse und Kräuter verrühren und mit Salz und Pfeffer abschmecken. Die Donuts durchschneiden, mit dem Kräuterfrischkäse bestreichen und wieder zusammensetzen.

Diese herzhaften Donuts sind ideal für ein Lunchpaket oder ein Picknick. Für eine etwas luxuriösere Variante belegen Sie den Frischkäse mit einigen Scheiben Räucherlachs.

Käse-Oliven-Krapfen

ERGIBT	ZUBEREITUNG	BACKZEIT
32	25	25 MINUTEN

ZUTATEN

100 g Butter, gewürfelt
300 ml Wasser
140 g Weizenmehl Type 405, gesiebt
½ TL Salz
2 große Eier, verquirlt
6 schwarze Oliven, entsteint und fein gehackt
2 EL fein gehackte frische Petersilie
3 EL fein geriebener Parmesan
Öl, zum Ausbacken
Meersalzflocken, zum Bestreuen

1. Butter und Wasser in einem großen Topf sanft erhitzen, bis die Butter zerlassen ist, dann zum Kochen bringen. Den Topf vom Herd nehmen und Mehl und Salz auf einmal hineingeben. Kräftig rühren, bis sich die Masse von der Topfwand löst. Etwa 5 Minuten abkühlen lassen, dann nach und nach die Eier einarbeiten, bis ein dicker, glänzender Teig entstanden ist. Oliven, Petersilie und 2 Esslöffel Parmesan untermischen.

2. Reichlich Öl in einem großen Topf oder in einer Fritteuse auf 180–190 °C erhitzen, sodass ein Brotwürfel darin in 30 Sekunden braun wird. Je sechs bis acht walnussgroße Teigportionen hineingleiten lassen und 4–5 Minuten unter häufigem Wenden ausbacken, bis sie goldbraun und knusprig sind. Mit einem Schaumlöffel aus dem heißen Fett nehmen und auf Küchenpapier abtropfen lassen. Warm halten, bis alle Krapfen fertig sind.

3. Die Krapfen mit dem restlichen Parmesan und Meersalz bestreuen und warm servieren.

Diese lockeren, knusprigen Krapfen werden aus Brandteig hergestellt und eignen sich gut als Appetithäppchen.

Mais-Paprika-Donuts

ERGIBT **ZUBEREITUNG** **BACKZEIT**
6 **20** **12 MINUTEN**

ZUTATEN

15 g Butter, zerlassen
1 TL fein geriebener Parmesan
70 g Weizenmehl Type 405
2 TL Backpulver
80 g feines Maismehl
½ TL Salz
¼ TL Pfeffer
1 großes Ei
6 EL Buttermilch oder Naturjoghurt
2 EL Olivenöl
1 Frühlingszwiebel, sehr fein gehackt
25 g rote Paprika, sehr fein gehackt

1. Den Backofen auf 200 °C vorheizen. Eine 6er-Donutform großzügig mit der zerlassenen Butter einfetten und mit dem Käse ausstreuen.

2. Mehl und Backpulver in eine große Rührschüssel sieben. Maismehl, Salz und Pfeffer untermengen. Ei, Buttermilch und Öl in einem Rührbecher mischen. Zu den Trockenzutaten gießen und alles zu einem glatten Teig verarbeiten. Frühlingszwiebel und Paprika untermischen.

3. Den Teig in einen großen Spritzbeutel mit Lochtülle füllen und in die vorbereitete Form spritzen. Im vorgeheizten Ofen 10–12 Minuten backen, bis die Donuts goldbraun, aufgegangen und fest sind. 2–3 Minuten in der Form abkühlen lassen, dann vorsichtig herausheben und sofort servieren.

Diese saftigen Gemüse-Donuts eignen sich hervorragend für einen entspannten Sonntagsbrunch. Sie sind einfach und schnell zubereitet und schmecken am besten frisch aus dem Ofen.

Chili-Schokoladen-Churros

ERGIBT 16 **ZUBEREITUNG** 20 **BACKZEIT** 25 MINUTEN

ZUTATEN

100 g Butter, gewürfelt
225 ml Wasser
140 g Weizenmehl Type 405, gesiebt
1 große Prise Salz
2 große Eier, verquirlt
½ kleine rote Chili, entkernt und sehr fein gehackt
Öl, zum Ausbacken
4 EL Zucker
2 TL Kakaopulver, gesiebt

SCHOKOLADENSAUCE

80 g Zartbitterschokolade, in Stücke gebrochen
100 g Schlagsahne
2–3 Tropfen Vanillearoma
1 TL Chiliflocken, zerstoßen

1. Für die Schokoladensauce die Schokolade mit der Sahne in einer hitzebeständigen Schüssel über einem Wasserbad schmelzen. Die Schüssel vom Wasserbad nehmen und die Masse glatt rühren. Vanillearoma und Chiliflocken unterrühren. Warm halten.

2. Butter und Wasser in einem großen Topf sanft erhitzen, bis die Butter zerlassen ist, dann zum Kochen bringen. Den Topf vom Herd nehmen und Mehl und Salz auf einmal zufügen. Kräftig rühren, bis die Masse glatt ist und sich von der Topfwand löst. Etwa 5 Minuten abkühlen lassen, dann nach und nach die Eier einarbeiten, bis ein dicker, glänzender Teig entstanden ist. Die Chili unterrühren.

3. Reichlich Öl in einem großen Topf oder in einer Fritteuse auf 180–190 °C erhitzen, sodass ein Brotwürfel darin in 30 Sekunden braun wird. Den Teig in einen großen Spritzbeutel mit großer Sterntülle füllen. Vier 10 cm lange Teigstücke direkt ins heiße Fett spritzen und 2–3 Minuten unter häufigem Wenden ausbacken, bis sie goldbraun und knusprig sind. Mit einem Schaumlöffel herausnehmen und auf Küchenpapier abtropfen lassen. Warm halten, bis alle Churros fertig sind.

4. Zucker und Kakaopulver auf einem Teller mischen und die warmen Churros darin wenden. Sofort mit der Schokoladensauce servieren.

Lassen Sie sich von diesen mexikanischen Churros überraschen, denn Chili und Schokolade sind eine interessante Kombination.

Muskatkrapfen

ERGIBT **ZUBEREITUNG** **BACKZEIT**
18 **20** **20** MINUTEN
PLUS RUHEZEIT

ZUTATEN

125 ml warme Milch
1 Ei
2 EL Naturjoghurt
5 Tropfen Vanillearoma
225 g Weizenmehl Type 405
2 TL Backpulver
½ TL Salz
70 g Feinstzucker, plus etwas mehr zum Bestreuen
1 TL frisch geriebene Muskatnuss
25 g Butter
Öl, zum Einfetten und Ausbacken

1. Milch, Ei, Joghurt und Vanillearoma in einer Schüssel verrühren.

2. Mehl, Backpulver, Salz, Zucker und Muskatnuss in der Schüssel einer Küchenmaschine mischen und die Butter unterrühren. Nach und nach die Milchmischung zugießen und alles zu einem festen, geschmeidigen Teig verarbeiten.

3. Den Teig 20 Minuten in der Schüssel ruhen lassen.

4. Reichlich Öl in einem großen Topf oder in einer Fritteuse auf 180–190 °C erhitzen, sodass ein Brotwürfel darin in 30 Sekunden braun wird. Esslöffel-große Teigportionen nacheinander hineingleiten lassen und 1 Minute ausbacken, bis sie goldbraun sind. Mit einem Schaumlöffel aus dem heißen Fett nehmen und auf Küchenpapier abtropfen lassen.

5. Mit Zucker bestreuen und warm servieren.

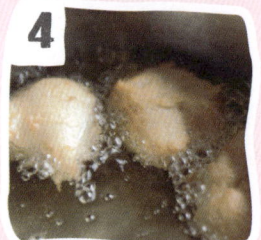

Die frisch geriebene aromatische Muskatnuss verleiht diesen kleinen Krapfen eine gewisse Würze.

Schoko-Zimt-Bällchen

ERGIBT	ZUBEREITUNG	BACKZEIT
24	60	30 MINUTEN

PLUS GEHZEIT

ZUTATEN

300 g glutenfreies Mehl
60 g braunes Reismehl
¼ TL Xanthan
¼ TL glutenfreies Backpulver
¼ TL frisch geriebene Muskatnuss
¼ TL Zimt
60 g weiche Butter
100 g gemahlene Mandeln
2–3 Tropfen Vanillearoma
1 Ei, plus 1 Eigelb
1 EL Buttermilch
24 kleine glutenfreie Zartbitterschokoladenstückchen
150 g Feinstzucker, zum Bestreuen
20 g Zimt, zum Bestreuen
Öl, zum Einfetten und Ausbacken
glutenfreie Schokoladensauce, zum Servieren

HEFEANSATZ

10 g Trockenbackhefe
1½ TL Honig

1. Für den Hefeansatz die Hefe mit 125 ml lauwarmem Wasser und dem Honig anrühren und 15 Minuten bei Zimmertemperatur quellen lassen, bis der Ansatz Bläschen wirft.

2. Beide Mehlsorten, Xanthan, Backpulver, Muskatnuss und Zimt in eine große Rührschüssel sieben. Die Butter mit den Fingern hineinreiben, bis eine feinkrümelige Masse entstanden ist. Mandeln, Vanillearoma, Ei, Eigelb und Buttermilch untermischen. Den Hefeansatz sorgfältig einarbeiten. Gegebenenfalls noch etwas Wasser zufügen. An einem warmen Ort gehen lassen, bis sich das Teigvolumen verdoppelt hat.

3. Den Teig zu 24 Kugeln formen und die Schokoladenstückchen in die Mitte stecken. Auf ein mit Backpapier belegtes Backblech setzen. Mit leicht geölter Frischhaltefolie abdecken und 40 Minuten gehen lassen.

4. Inzwischen in einer Schale Zucker und Zimt mischen.

5. Reichlich Öl in einem großen Topf oder in einer Fritteuse auf 180–190 °C erhitzen, sodass ein Brotwürfel darin in 30 Sekunden braun wird. Je drei bis vier Bällchen hineingleiten lassen und von jeder Seite 2–3 Minuten ausbacken, bis sie goldbraun sind. Mit einem Schaumlöffel aus dem heißen Fett nehmen, auf Küchenpapier abtropfen lassen und im Zimtzucker wenden. Mit der Schokoladensauce servieren.

Diese Krapfen sind weizenmehl- und glutenfrei, also ideal für Menschen mit einer entsprechenden Unverträglichkeit.

Apfelwein-Bällchen

ERGIBT 12 **ZUBEREITUNG** 20 **BACKZEIT** 35 MINUTEN

ZUTATEN

225 ml lieblicher Apfelwein oder Apfelsaft

250 g Weizenmehl Type 405, plus etwas mehr zum Bestäuben und Kneten

4 TL Backpulver

1 TL Zimt

¼ TL Salz

50 g Rohrzucker

1 großes Ei, verquirlt

4 EL Buttermilch

25 g Butter, zerlassen und leicht abgekühlt

Öl, zum Ausbacken

50 g Zucker

1. Den Apfelwein in einem Topf zum Kochen bringen und auf etwa 4 Esslöffel einkochen. Abkühlen lassen.

2. Mehl, Backpulver und die Hälfte des Zimts in eine große Rührschüssel sieben. Salz und Rohrzucker untermischen. Eine Vertiefung in die Mitte drücken.

3. Apfelwein, Ei, Buttermilch und Butter verrühren und in die Vertiefung gießen. Mit den Trockenzutaten zu einem relativ festen Teig verarbeiten. Falls der Teig zu klebrig ist, noch etwas Mehl einarbeiten. Leicht durchkneten, bis der Teig geschmeidig ist.

4. Den Teig in zwölf Portionen teilen und zu Bällchen formen.

5. Reichlich Öl in einem großen Topf oder in einer Fritteuse auf 180–190 °C erhitzen, sodass ein Brotwürfel darin in 30 Sekunden braun wird. Je vier Bällchen hineingleiten lassen und 3–4 Minuten unter häufigem Wenden ausbacken, bis sie goldbraun und knusprig sind. Mit einem Schaumlöffel aus dem heißen Fett nehmen und auf Küchenpapier abtropfen lassen.

6. Zucker und restlichen Zimt auf einem Teller mischen und die warmen Bällchen darin wenden. Warm oder kalt servieren.

Diesen Teig können Sie auch zu ringförmigen Donuts verarbeiten: einfach ausrollen und mit einem Donutausstecher Ringe ausstechen.

Ahornsirup
  Ahorn-Pekannuss-Donuts 58
  Kürbis-Donuts 52
Äpfel
  Apfel-Donuts 22
  Apfelwein-Bällchen 78

Beignets 24
  Mokka-Beignets 54
Berliner, Kleine 12
Blaubeer-Donuts 38
Boston-Cream-Donuts 56
Brandteig 4

Chili-Schokoladen-Churros 72
Churros 46
  Chili-Schokoladen-Churros 72
  Zitronen-Churros mit
    Orangensauce 34
Cookie-Sahne-Krapfen 40

Donutausstecher 5
Donutform 5
Donuts, Gezuckerte 48

Eier 6

Frischkäse
  Ahorn-Pekannuss-Donuts 58
  Kräuterfrischkäse-Donuts 66
Fritteuse 5
Frühlingszwiebeln
  Mais-Paprika-Donuts 70

Grundausstattung 5
Grundzutaten 6

Hefe 6
Hefe-Donuts, Einfache 10
Hefeteig 4
Honig
  Mini-Honig-Pistazien-Donuts 32
  Schoko-Zimt-Bällchen 76

Kaffee
  Mokka-Beignets 54
Käse
  Ahorn-Pekannuss-Donuts 58
  Käse-Oliven-Krapfen 68
  Kräuterfrischkäse-Donuts 66
  Mais-Paprika-Donuts 70
Kirschen
  Schoko-Nuss-Donuts 42

Knetteig 4
Kokos-Donuts 20
Konfitüre
  Cookie-Sahne-Krapfen 40
  Donuts mit Creme 16
  Kleine Berliner 12
  Kokos-Donuts 20
Krapfen, Gefüllte 60
Kräuter
  Käse-Oliven-Krapfen 68
  Kräuterfrischkäse-Donuts 66
Küchenmaschine 5
Kürbis-Donuts 52

Mais-Paprika-Donuts 70
Mandeln
  Schoko-Zimt-Bällchen 76
Marshmallows
  Schoko-Marshmallow-Krapfen 30
  Schoko-Nuss-Donuts 42
Mehl 6
Mini-Honig-Pistazien-Donuts 32
Mokka-Beignets 54
Muskatnuss
  Donuts mit Sahne 64
  Kürbis-Donuts 52
  Muskatkrapfen 74
  Schoko-Zimt-Bällchen 76

Nüsse
  Schoko-Nuss-Donuts 42

Öl 6
Oliven
  Käse-Oliven-Krapfen 68
Orangen
  Churros 46
  Zitronen-Churros mit
    Orangensauce 34

Paprika
  Mais-Paprika-Donuts 70
Parmesan
  Käse-Oliven-Krapfen 68
  Kräuterfrischkäse-Donuts 66
  Mais-Paprika-Donuts 70
Pekannüsse
  Ahorn-Pekannuss-Donuts 58
Petersilie
  Käse-Oliven-Krapfen 68
  Kräuterfrischkäse-Donuts 66

Pistazien
  Mini-Honig-Pistazien-Donuts 32
Pudding
  Boston-Cream-Donuts 56

Rührteig 4
Rührteig-Donuts, Einfache 14

Sahne
  Boston-Cream-Donuts 56
  Cookie-Sahne-Krapfen 40
  Gefüllte Krapfen 60
Sahne, saure
  Donuts mit Sahne 64
Schnittlauch
  Kräuterfrischkäse-Donuts 66
Schokolade
  Boston-Cream-Donuts 56
  Chili-Schokoladen-Churros 72
  Mokka-Beignets 54
  Schoko-Donuts 28
  Schokoladenbällchen 36
  Schoko-Marshmallow-Krapfen 30
  Schoko-Nuss-Donuts 42
  Schoko-Zimt-Bällchen 76
Spritzbeutel 5
Spritzringe 50

Thermometer 5
Tipps 7

Zimt
  Apfel-Donuts 22
  Apfelwein-Bällchen 78
  Churros 46
  Kürbis-Donuts 52
  Rührteig-Donuts, Einfache 14
  Schoko-Zimt-Bällchen 76
  Schokoladenbällchen 36
Zitronen
  Zitronen-Churros mit
    Orangensauce 34
  Zitronenstangen 18
Zucker 6